Chouette

GS/CP

5-7 ANS

Réussir son entrée en CP

Ginette Grandcoin-Joly
Directrice d'école d'application

Catherine Ruchmann
Conseillère pédagogique

Écris ton prénom.

Hatier

Présentation

Ce cahier donnera à votre enfant qui s'apprête à entrer en **CP** les **méthodes de travail** les plus efficaces pour aborder sereinement l'école élémentaire. Il peut être utilisé dès la fin de la **Grande section** et durant toute l'année de **CP**.

De bonnes méthodes de travail sont nécessaires à votre enfant pour fixer plus facilement et durablement ses **apprentissages**, mais aussi pour renforcer son **autonomie** tout au long de sa scolarité.

CONSEILS PARENTS
Proposez à votre enfant des mots croisés, adaptés à son âge, pour repérer les différentes lettres, leur ordre dans le mot.

■ Chaque chapitre aborde un point de méthode à acquérir ou à approfondir en CP. Pour commencer, un encadré de méthode générale expose clairement ce que votre enfant **sait déjà faire** et ce qu'il **devra faire en CP**. Un **CONSEIL PARENTS** vous donnera également une information pour vous aider à accompagner votre enfant dans l'acquisition de ces méthodes de travail : cela peut être un conseil pratique ou des exemples à prendre dans la vie quotidienne…

■ Puis des **exercices**, avec de nombreux conseils méthodiques, permettront à votre enfant d'appliquer ces points de méthode à toutes les matières du programme, symbolisées par des couleurs et des petites chouettes différentes pour un repérage immédiat. L'adulte est parfois sollicité pour lire à l'enfant un texte ou une poésie, support de l'exercice.

Français / Lecture / Poésie — Écriture — Maths — Géométrie — Découverte du monde / Arts visuels

■ À la fin de l'ouvrage, un **mémo** aidera votre enfant à bien mémoriser l'ordre alphabétique.

■ Enfin, des **corrigés** détaillés autorisent un travail autonome et une vérification de tous les exercices.

■ Dans ce cahier, certains mots sont écrits selon les prérogatives du Ministère de l'Éducation nationale, recommandant d'appliquer la nouvelle orthographe. Par exemple, le mot « goûter » devra dorénavant s'écrire « gouter » ou encore le mot composé « des après-midi » s'écrira « des après-midis ».

Cet ouvrage est conforme à la nouvelle orthographe — www.orthographe-recommandee.info

© Hatier, 8 rue d'Assas, 75006 Paris – 2020 – ISBN : 978-2-401-06166-8
Conception graphique : Frédéric Jély • Édition : Imaginemos • Mise en page : Nadine Aymard • Illustrations : Marie Quentrec • Chouettes : Adrien Siroy.

Sommaire

Reportez la date à laquelle votre enfant a fini chaque chapitre pour visualiser facilement sa progression tout au long de l'année.

1 Mémoriser

CE QUE TU SAIS DÉJÀ
- réciter l'alphabet et les nombres jusqu'à 30 ;
- reconnaitre les lettres dans leurs différentes écritures ;
- recopier des mots ou des phrases courtes ;
- reconnaitre les principales formes géométriques.

EN CP, TU DEVRAS
- apprendre les nombres jusqu'à 99 ;
- apprendre à transcrire les sons en lettres ;
- écrire en écriture cursive.

CONSEILS PARENTS
Affichez un abécédaire dans la chambre de votre enfant et faites-y référence lorsque c'est nécessaire. Faites-lui repérer les différentes écritures des lettres dans la vie quotidienne (emballages, journaux, publicité...).

Lecture

MÉTHODE
Dans notre alphabet, il y a 26 lettres qui permettent d'écrire tous les mots dans trois écritures différentes : les majuscules d'imprimerie, le script et les lettres cursives. Lis plusieurs fois à haute voix toutes les lettres de chaque liste en suivant avec ton doigt.

1 **Choisis une couleur différente par lettre puis entoure les lettres o, i, p, e, l, b, f, m dans les trois listes.**

A B C D E F G H I J K L M N O P Q R S T U V W X Y Z

a z e r t y u i o p q s d f g h j k l m w x c v b n

v b e h c a f i d l k m u o q g z r p x s t j w y n

2 **Complète l'alphabet et les suites en écrivant les lettres manquantes.**

A		C	D		F	G	H		J	K			N			Q	R			U	V	W		Y	

B		D

S		U

Q		S

I		K

Maths

MÉTHODE
- Lis plusieurs fois la suite des nombres ci-dessous, du plus petit au plus grand, puis du plus grand au plus petit.
- Lis seulement les nombres qui s'écrivent avec un seul chiffre.
- Lis seulement les nombres qui s'écrivent avec deux chiffres.

1	2	3	4	5	6	7	8	9	10	11	12	13	14	15

3 Observe chaque dé.
- Sur la 1re bande, colorie autant de cases que de points sur le ou les dés.
- Sur la bande numérique, entoure le nombre correspondant.

1	2	3	4	5	6	7	8	9	10	11	12	13	14	15

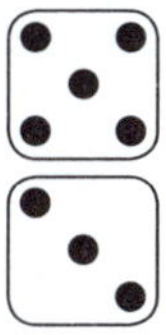

1	2	3	4	5	6	7	8	9	10	11	12	13	14	15

Géométrie

MÉTHODE
Voici les principales formes géométriques. Repasse avec ton doigt sur le contour de chaque figure, nomme-la et compte ses côtés.

Un carré	Un rectangle	Un triangle	Un rond (un cercle)

4 côtés égaux	4 côtés	3 côtés	Une ligne courbe fermée

4 Colorie en rouge les carrés, en vert les ronds, en bleu les triangles et en orange les rectangles.

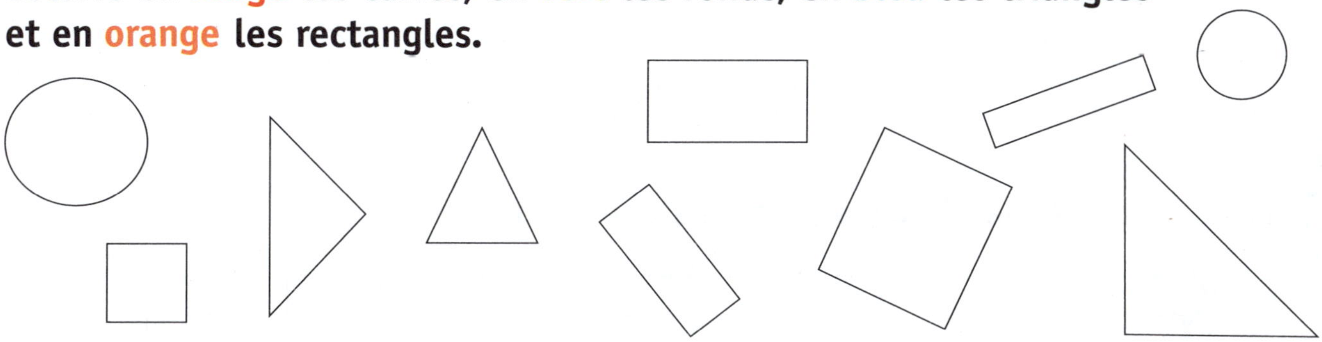

Corrigés p. 45

2 Voir et repérer

CE QUE TU SAIS DÉJÀ
- repérer des différences dans des formes ;
- reconnaitre les lettres ;
- repérer des mots identiques ;
- repérer la 1re lettre d'un mot.

EN CP, TU DEVRAS
- repérer le nombre de lettres dans un mot, leur ordre ;
- percevoir des différences fines dans des formes, des lettres, des mots.

CONSEILS PARENTS
Proposez à votre enfant des mots croisés, adaptés à son âge, pour repérer les différentes lettres, leur ordre dans le mot.

Maths

MÉTHODE
- « Différent » veut dire « qui n'est pas pareil » ; « identique » veut dire « qui est pareil ».
- Écoute attentivement les consignes, redis-les avec tes propres mots.
- Observe bien les dessins et les modèles quand il y en a.
- Vérifie toujours ton travail quand tu as terminé.

1 Colorie tous les cœurs de la ligne.

2 Sur chaque ligne, fais un point rouge dans toutes les formes identiques au modèle encadré.

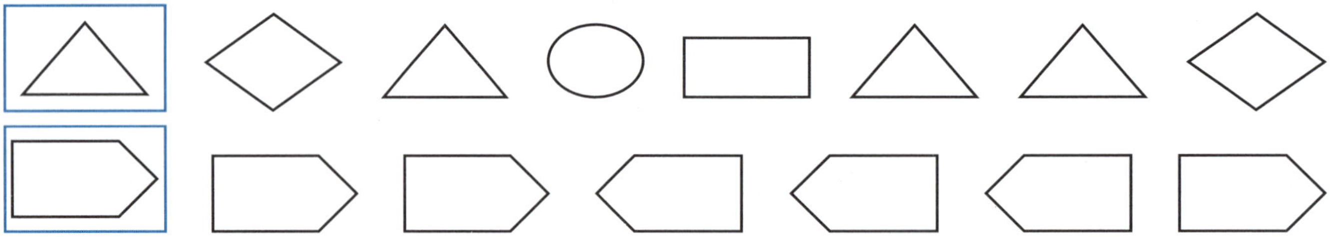

3 Barre toutes les flèches pointées vers le haut.

4 Entoure toutes les flèches pointées vers la droite.

Français

MÉTHODE
- Regarde les dessins de ces 4 enfants et leurs prénoms écrits dans les étiquettes.
- Repère la 1re lettre de chaque prénom. Nomme dans l'ordre les lettres de chaque prénom.

Jules

Mélanie

Amélie

Simon

5 **Colorie toutes les cases où est écrit le prénom Simon.**

Jules	Mélanie	Simon	AMÉLIE	SIMON
Simon	Jules	Simon	Amélie	

6 **Compte le nombre de lettres dans chaque prénom. Colorie la bonne réponse.**

Dans le prénom Simon, il y a :	4 lettres	5 lettres	6 lettres
Dans le prénom Mélanie, il y a :	7 lettres	6 lettres	3 lettres
Dans le prénom Jules, il y a :	4 lettres	2 lettres	5 lettres
Dans le prénom Amélie, il y a :	7 lettres	6 lettres	5 lettres

7 **Entoure en rouge toutes les lettres qui servent à écrire le prénom SIMON.**

A B C D E F G H I J K L M
N O P Q R S T U V W X Y Z

Corrigés p. 45

3 Dire - Nommer - Décrire

CE QUE TU SAIS DÉJÀ

- entendre et nommer les syllabes des mots ;
- entendre des sons dans des comptines et dans des mots, les répéter ;
- nommer des objets et en définir les caractéristiques.

EN CP, TU DEVRAS

- trouver des rimes ;
- manipuler et combiner les syllabes pour écrire des mots ;
- connaitre le vocabulaire pour se repérer dans l'espace ;
- nommer précisément des objets.

CONSEILS PARENTS

Jouez ensemble avec les mots, inventez des comptines à partir de prénoms, de noms d'animaux, de personnages...

Français

MÉTHODE

Écoute le début de la comptine. Que remarques-tu ?
Les mots « pyjama » et « chat » riment, on entend [a] à la fin ;
les mots « chapeau » et « chameau » riment, on entend [o] à la fin.

1 Complète la comptine en trouvant des noms d'animaux qui riment.

Lundi, j'ai acheté un pyjam**a**

Pour mon ch**a**t.

Mardi, j'ai acheté un chap**eau**

Pour mon cham**eau**.

Mercredi, j'ai acheté un pantalon

Pour mon ....

Jeudi, j'ai acheté un tapis

Pour ma ....

Vendredi, j'ai acheté un tutu

Pour ma ....

Samedi, j'ai acheté un doudou

Pour mon ....

Dimanche, j'ai tout lavé.

2 Entoure le dessin qui rime avec le mot.

MÉTHODE
Nomme chaque dessin en étant très attentif à la rime.
Demande à un adulte de te lire les mots dans les étiquettes, écoute bien la rime.

maison

noisette

Arts visuels

MÉTHODE
- Prépare tes crayons de couleur bien taillés ou tes feutres.
- Regarde le dessin et dis ce qu'il représente. Nomme précisément les différents objets.
- Écoute attentivement les consignes.

3 Complète le dessin.

- Colorie le parasol en **vert** et dessine des rayures **bleues** sur une chaise longue.
- L'enfant qui fait un château de sable a un seau **orange** et une pelle **rouge**.
- Le bateau sur la mer a une voile **rose**.
- Dessine un soleil dans le ciel, en haut à droite.
- Dessine un chapeau sur la tête du petit garçon.

Corrigés p. 45

4 Identifier – Reconnaitre

CE QUE TU SAIS DÉJÀ

- reconnaitre et nommer des lettres de l'alphabet, les différencier d'autres signes ;

EN CP, TU DEVRAS

- reconnaitre, nommer et écrire toutes les lettres de l'alphabet ;
- identifier l'ordre des mots dans une phrase ;
- identifier des objets du passé.

CONSEILS PARENTS

Sollicitez votre enfant pour qu'il repère des mots qui se ressemblent dans la vie quotidienne, sur des emballages, dans des livres... Exemple : du sel et du gel, une couette et une chouette.

Français

1 Reconnais et entoure uniquement les lettres parmi ces différents signes.

§ s P € E & o ? a j

d q m b A e $ c g £ #

Lecture

MÉTHODE

Dans une phrase ou un titre de livre, les mots sont toujours séparés par des espaces. L'ordre des mots est important pour le sens de la phrase.

2 Voici le titre d'une histoire que tu connais surement :

LA PETITE POULE ROUSSE

Parmi les mots suivants, entoure ceux qui servent à écrire ce titre.

LE PETIT POULPE LA POULE

FROUSSE PETITE ROUSSE ROULE

3 Compte le nombre de mots dans les phrases suivantes.

MÉTHODE
Pour compter le nombre de mots dans une phrase, tu peux numéroter chaque mot. Pour t'aider, il y a des cases sous chaque mot de la première phrase, quelques cases pour la 2e phrase et ensuite à toi de numéroter tout seul.

Il	était	une	fois	une	jolie	princesse	appelée	Coquelicot.
1	2				6			9

Il	y	a	un	monstre	sous	mon	lit.
	2	3					

Madame Gribouille aime les andouilles.

Recopie :

Le 6e mot de la 1re phrase : ....

Le 3e mot de la 2e phrase : ....

Le dernier mot de la 2e phrase : ....

Le 1er mot de la 3e phrase : ....

Découverte du monde

MÉTHODE
Tu éprouves parfois des difficultés à reconnaitre certains objets parce qu'ils ont existé il y a très longtemps, avant que tu ne sois né, ou bien parce qu'ils ont changé de forme, de taille. Tu peux demander à tes parents ou grands-parents de te renseigner.

4 Observe ces objets, identifie-les puis relie ceux qui ont eu le même usage.

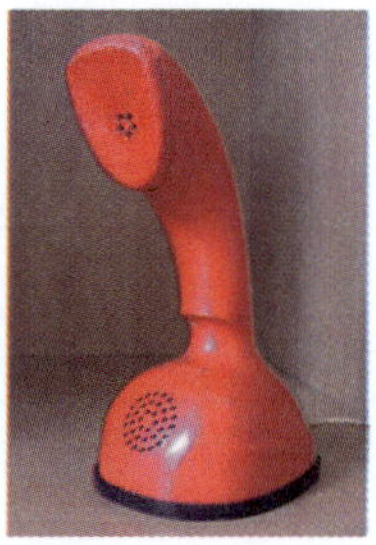

Corrigés p. 45

5 Reproduire – Copier

CE QUE TU SAIS DÉJÀ

- reconnaitre et nommer les nombres, ainsi que les lettres de l'alphabet dans différentes écritures, et les copier.

EN CP, TU DEVRAS

- copier soigneusement des mots et des phrases sans erreur, entre des lignes plus petites.

CONSEILS PARENTS

Avant de commencer un exercice, faites observer à votre enfant la forme de la lettre, sa hauteur, le sens de son tracé.

Écriture

MÉTHODE
Pour bien reproduire les lettres, tu dois connaitre leur forme, leurs proportions et le sens de l'écriture. Observe bien les 26 lettres de l'alphabet écrites en **cursive** avant de suivre les consignes.

1 Suis les consignes :

- entoure en **rouge** les 6 lettres qui ont une boucle ou une barre qui montent ;
- entoure en **orange** la lettre qui a une boucle qui monte et une boucle qui descend ;
- entoure en **bleu** les 6 lettres qui ont une boucle ou une barre qui descendent ;
- entoure en **vert** les 13 lettres qui ne montent pas et ne descendent pas.

a b c d e f g h i j k l m

n o p q r s t u v w x y z

2 Recopie les lettres que tu as entourées et nomme-les.

- Les lettres qui montent

- Les lettres qui descendent

- La lettre qui monte et qui descend

- Les lettres qui ne montent pas et ne descendent pas

3 Recopie les mots et la phrase entre les lignes.

MÉTHODE
Observe ces mots écrits en script puis recopie-les en écriture cursive entre les lignes.
Fais attention aux lettres qui montent et qui descendent, à l'ordre des lettres dans le mot, à l'ordre des mots dans la phrase.

ma classe le jardin une poule

m

Les trois ours se promènent dans la forêt.

L

4 Recopie ces chiffres et ces nombres entre les lignes, en respectant l'ordre.

1 2 3 4 5 6 7 8 9

24 42 51 76 15 38 61

Corrigés p. 46

6 Comprendre

CE QUE TU SAIS DÉJÀ
- comprendre un texte lu par un adulte ;
- utiliser un vocabulaire varié.

EN CP, TU DEVRAS
- prendre des informations dans un texte lu par un adulte ;
- comprendre des informations, déduire et coder dans un tableau ;
- utiliser un vocabulaire précis.

CONSEILS PARENTS
Lisez régulièrement des histoires à votre enfant et demandez-lui de les redire avec ses propres mots. Guidez-le avec des questions et veillez au respect de la syntaxe.

Lecture

MÉTHODE
Écoute attentivement ce texte lu par un adulte. Représente-toi la situation et suis l'histoire comme un film, avec un début et une fin. Demande que l'on t'explique les mots inconnus. Raconte ensuite l'histoire avec tes mots avant de faire l'exercice.

1 Écoute l'histoire et réponds aux questions en cochant une ou plusieurs propositions.

Petit dragon

Pyros, le petit dragon de feu, vient d'avoir six ans.
C'est l'âge d'aller à l'école des dragons. En ce jour de rentrée, le cartable autour du cou, il trottine à côté de sa mère.
– Je suis sure que tu vas te faire des amis et apprendre beaucoup de choses, dit-elle pour l'encourager.
Maman dragon lui souffle un baiser brulant et le laisse à la porte de l'école.
Dans la classe, la maitresse accueille ses élèves, les dragons de feu, les dragons des grottes, ceux des eaux et ceux des airs. Elle leur annonce qu'elle va leur apprendre à hérisser leurs écailles, à griffer, à cracher du feu et à piquer avec le dard de leur queue.
Pyros s'applique, il fait beaucoup d'efforts mais sans résultat. Ses écailles ne piquent pas, le feu qui s'échappe de ses narines le fait éternuer, sa longue queue s'enroule comme un lasso. Il est triste d'échouer, sa maman lui dit de persévérer, son papa ronchonne. La maitresse, qui le trouve plus sage que les autres dragons, cherche des solutions. Elle organise une séance de natation mais, à peine dans l'eau, Pyros se met à souffler si fort que la piscine se transforme en une gigantesque tempête brulante où il manque de se noyer. C'est dragon des eaux qui le sauve !
Lors d'une course au trésor, le jeu préféré des petits dragons, Pyros se perd et ne rapporte que des cailloux.
Un jour, la maitresse propose à ses élèves d'écouter de la musique et de chanter. Pyros écoute de toutes ses oreilles, ramène ses ailes près de son corps et se redresse : alors, sa voix merveilleuse s'élève et enchante toute la classe. Pyros deviendra un dragon chanteur !

- **Qui est Pyros ?**

Un dragon des airs ❑ Un dragon des eaux ❑ Un dragon de feu ❑

- **Cite quelques-uns des apprentissages que doit faire Pyros.**

Cracher du feu ❑ Cracher de la salive ❑ Piquer avec le dard de sa queue ❑
Combattre les autres dragons ❑

- **Pourquoi est-il malheureux à l'école ? (plusieurs réponses)**

Il n'arrive pas à apprendre. ❑ Les autres se moquent de lui. ❑
Papa ronchonne. ❑ La maitresse ne veut plus de lui. ❑

- **Quelle est la solution trouvée par la maitresse ?**

Le laisser tranquille ❑ Lui faire écouter de la musique ❑
Lui apprendre à nager ❑ Le perdre dans une grotte ❑

Maths

MÉTHODE
Voici une énigme. Le tableau à double entrée va t'aider à trouver la solution : lorsque tu es sûr d'une information, tu écris **O** comme « oui » dans la case correspondante, si c'est « non » tu écris **N**. Lorsque tu as 3 **N** sur une ligne, tu peux en déduire que la dernière case est **O**.
Ex : Le chat n'appartient pas à un garçon, donc il est à une fille. Tu peux écrire **N** dans les cases *Paul* et *Ali* quand elles croisent la colonne *chat*.

2 L'énigme

- 4 enfants, Lola, Zoé, Paul et Ali, ont chacun un animal.
- Les animaux sont : un chat, un chien, un perroquet et un poisson.
- Tu dois trouver quel animal possède chaque enfant.

Les informations

- Le chat n'appartient pas à un garçon.
- Le chien n'appartient pas à une fille.
- Lola a un animal à 4 pattes.
- Paul aime les poissons.

Les résultats				
Lola				
Zoé				
Paul	N			
Ali	N			

Le chat appartient à .... , le chien à ....,
l'oiseau à .... et le poisson à ....

Corrigés p. 46

7 Classer - Ranger

CE QUE TU SAIS DÉJÀ

- ranger des objets du plus petit au plus grand, et du plus grand au plus petit ;
- respecter un rythme ;
- raconter une histoire en te faisant comprendre.

EN CP, TU DEVRAS

- ranger des nombres selon différents critères ;
- ranger des images en différentes séquences ;
- classer des aliments.

CONSEILS PARENTS

Incitez votre enfant à ranger les éléments de la vie quotidienne selon un ordre logique : livres dans la bibliothèque, produits alimentaires dans la cuisine, vêtements dans l'armoire, jouets dans le coffre...

Français

MÉTHODE

Classer, ranger, c'est mettre en ordre. Dans cet exercice, il s'agit de mettre les images dans l'ordre pour qu'elles racontent une histoire.

- Observe chacune des 6 images et essaie de raconter ce que tu comprends (c'est l'histoire de qui ? Où se passe-t-elle ? Qu'arrive-t-il ?).
- Cherche la première image de l'histoire (ce n'est pas la première image de la ligne), inscris le chiffre 1 dans sa case.
- Cherche ensuite l'image suivante, puis la suivante jusqu'à la fin.

1 Observe ces images puis numérote-les dans l'ordre de l'histoire de 1 à 6.

1 - 2 - 3 - 4 - 5 - 6

4

3

1

6

2

5

Géométrie

MÉTHODE
- Observe les formes dessinées. Nomme-les successivement
- Montre la première puis la dernière forme de chaque ligne.
- Montre tous les ronds (cercles), tous les triangles...

2 **Colorie la première forme de la ligne.**

3 **Repasse avec un crayon de couleur rouge sur le premier et le dernier rond de chaque ligne.**

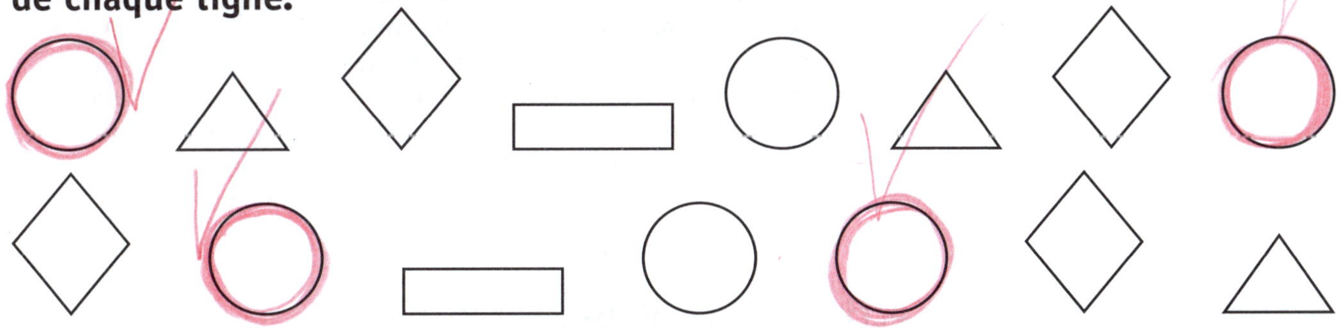

Découverte du monde

MÉTHODE
Observe chaque dessin, nomme-le puis dis s'il s'agit d'un fruit ou d'un légume.

4 **Range ces images en les reliant au panier qui convient.**

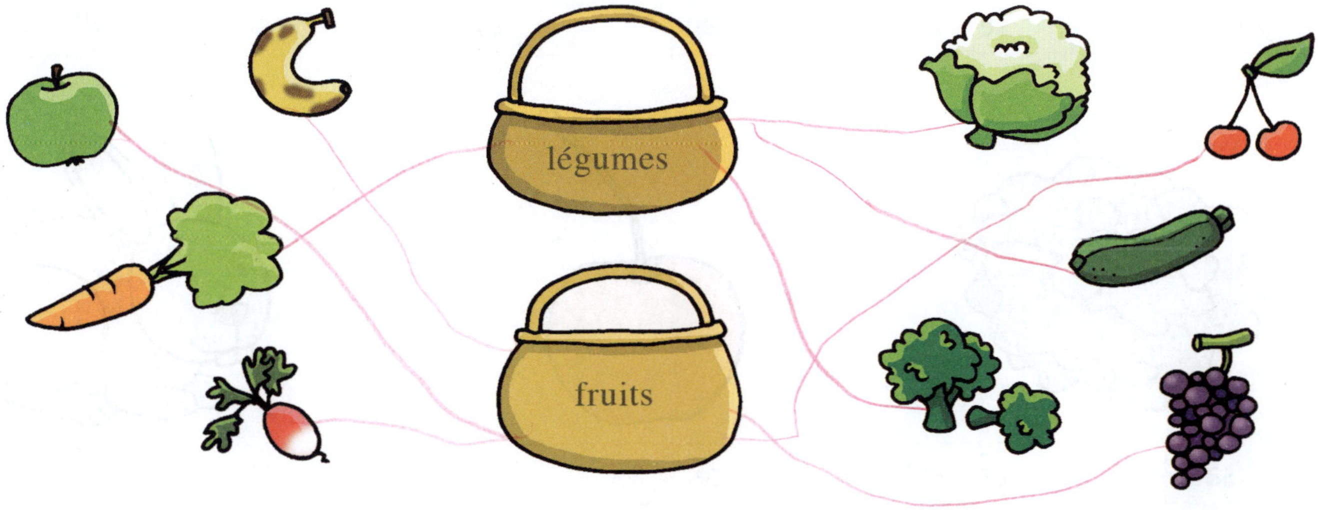

8 Compléter

CE QUE TU SAIS DÉJÀ

- repérer une syllabe dans un mot ;
- dire la suite des nombres.

EN CP, TU DEVRAS

- décomposer des mots en syllabes ;
- dire et compléter la suite des nombres ;
- compléter des collections.

CONSEILS PARENTS

Veillez à ce que votre enfant écrive correctement les nombres, en respectant le sens du tracé.

Lecture

MÉTHODE

- Lis les syllabes suivantes ou demande à un adulte de te les lire et répète-les : **ta, ra, la, pi, mi, ri, to, mu.**
- Nomme chaque dessin en détachant bien les syllabes et en suivant les cases avec ton doigt (une case = une syllabe).
- Repère la syllabe manquante, elle correspond à la case vide : écris-la ou demande à un adulte de l'écrire.

1 **Complète les mots en écrivant les syllabes qui manquent.**

che		se

pan		lon

	dis

sa		de

ce		se

	pin

Maths

MÉTHODE

- Lis plusieurs fois la suite des nombres ci-dessous.

1	2	3	4	5	6	7	8	9	10

- Choisis un chiffre au hasard et regarde bien le chiffre qui vient juste avant et celui qui vient juste après.

2 **Complète les suites de nombres.**

2		4

8		10

4		6

7		9

	2	3		5			8	9	10

3 **Écris le nombre qui convient sous chaque dé ou paire de dés.**

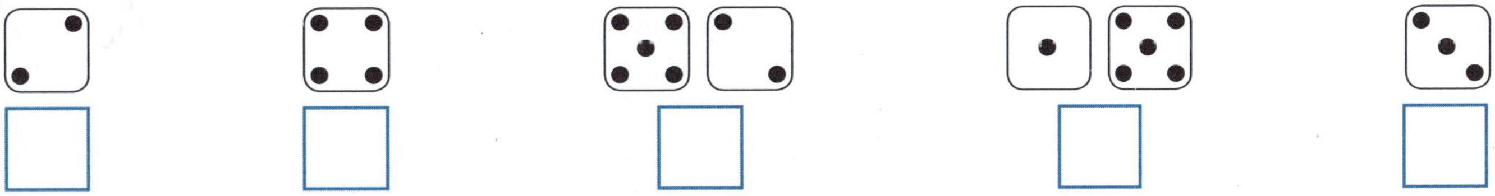

4 **Complète les constellations des dés.**

3 6 5 10 4

5 **Observe l'alternance des motifs sur le premier quadrillage et complète le second selon le même principe.**

Corrigés p. 46

9 Reconstituer

CE QUE TU SAIS DÉJÀ
- faire des puzzles ;
- nommer des formes géométriques.

EN CP, TU DEVRAS
- reconstituer des phrases ;
- utiliser des formes géométriques dans un espace fermé ;
- reconstituer une figure avec différentes parties.

CONSEILS PARENTS
Proposez à votre enfant des puzzles ou un tangram (voir « Méthode »), un jeu de personnages à mélanger/recomposer.

Géométrie

MÉTHODE
Le tangram est une sorte de puzzle composé de 7 pièces géométriques. Il permet de fabriquer de nombreuses figures.
- Nomme les différentes formes géométriques qui composent le tangram.
- Observe les formes en vrac et leur couleur.
- Reconstitue le puzzle en coloriant les mêmes couleurs dans les mêmes formes.
- Colorie de la même façon les pièces du personnage.

1 **Colorie le puzzle et le personnage avec les couleurs des différentes formes géométriques du tangram.**

Français

MÉTHODE
Les mots d'une phrase sont écrits dans un certain ordre qui lui donne du sens. Lis-les ou demande à un adulte de le faire. Répète-les.

2 **Reconstitue les phrases en écrivant les mots dans l'ordre selon le modèle. Les majuscules et les points doivent t'aider.**

Les trois fées.

trois Les fées.

Marie est à la plage.

à plage. Marie la est

Le crocodile va à l'école.

crocodile l' à va école. Le

Arts visuels

3 **Sur une feuille, dessine un animal extraordinaire en reproduisant une partie du corps de chacun des animaux représentés sur ces images.**
(Ex : la tête de l'oiseau avec le corps du zèbre et les pattes de la tortue...)

Corrigés p. 46

10 Raisonner – Chercher

CE QUE TU SAIS DÉJÀ
- comprendre une situation et la verbaliser ;
- utiliser un dé.

EN CP, TU DEVRAS
- raisonner à partir d'une situation de problème ;
- chercher le résultat d'un problème additif.

CONSEILS PARENTS
Construisez ensemble l'arbre généalogique de votre famille, avec des photos, par exemple. Proposez aussi à votre enfant des devinettes, des charades.

Découverte du monde

MÉTHODE
Observe bien l'arbre généalogique de la famille de Pierre.
- Tout en bas, en **rouge** : Pierre et ses frères et sœurs.
- Au 1er étage, en **orange** : les parents de Pierre.
- Au 2e étage, en **vert** : les grands-parents de Pierre (les parents de ses parents).
- Au 3e étage, en **violet** : les arrière-grands-parents de Pierre (les parents de ses grands-parents).

Tu peux toi aussi faire ton propre arbre généalogique sur une feuille.

1 Suis les consignes.
Colorie en **rose** les étiquettes des parents de Pierre.
Colorie en **bleu** l'étiquette de la grand-mère maternelle de Pierre (la maman de sa maman).
Colorie en **marron** l'étiquette du grand-père paternel de Pierre (le papa de son papa).
Combien Pierre a-t-il de frères et sœurs ?

Maths

MÉTHODE
Julie et Louis ont fait un jeu de déplacement sur piste. Le gagnant est celui qui arrive le premier au bout de la piste. On avance d'autant de cases que de points indiqués sur le dé.
Ex : si le dé marque 4, on avance de 4 cases.
Pour t'aider à trouver le gagnant, tu peux refaire leurs parties en coloriant les cases de leurs pistes. Change de couleur à chaque partie pour vérifier.

2 Observe bien les parties de Julie et de Louis et dis qui a gagné.

	1re partie	2e partie	3e partie	4e partie	5e partie
Julie	4	3	4	5	4
Louis	6	1	4	5	2

Piste de Julie

→

Piste de Louis

→

Lecture

MÉTHODE
Nomme chaque dessin les uns à la suite des autres et pense bien à ce que tu dis.
Exemple : quand tu nommes le premier et le second dessin à la suite l'un de l'autre, tu entends **six – tronc**. Cela fait le mot **citron**.

3 Dessine dans chaque case le nouveau mot que tu as trouvé.

6  = 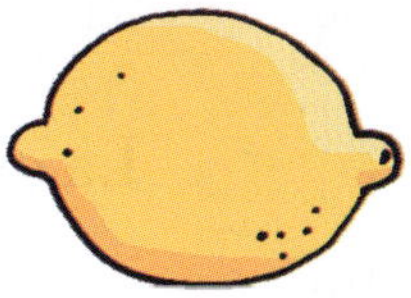

  N'  =

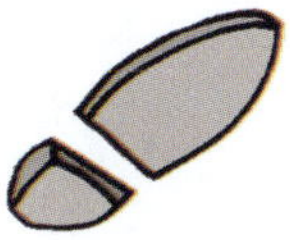   =

Corrigés p. 46-47

11 Mémoriser

CE QUE TU SAIS DÉJÀ

- jouer avec les mots, différencier des sons, des rimes ;
- comprendre une poésie lue par un adulte ;
- le nom et l'ordre des jours de la semaine.

EN CP, TU DEVRAS

- te repérer dans la succession des jours, des semaines, des mois et des saisons ;
- connaitre la suite des nombres, compter de 2 en 2 ;
- mémoriser des textes.

CONSEILS PARENTS

Veillez régulièrement à la bonne mémorisation par votre enfant de la suite des jours de la semaine, des nombres, des lettres.

Poésie

MÉTHODE

Quand tu récites une poésie, essaie de bien articuler. Tu peux t'aider en frappant les syllabes dans tes mains.

1 Écoute attentivement ces mots et ces phrases, puis répète-les.

Abracadabra, perlimpinpin, hippopotame, spectacle. Papier, panier, piano. Un gros gras escargot gris glisse sur le gazon. Je sèche les cheveux de Serge. Zazie causait avec sa cousine en cousant.

2 Demande à un adulte de te lire la poésie.
Écoute-la attentivement puis essaie de l'apprendre.

MÉTHODE

Repère les rimes en -ouille comme « grenouille » et « barbouille » et en -ace / -asse comme « agace » et « prélasse ». As-tu retenu d'autres mots qui finissent ainsi ? As-tu remarqué comment les rimes se succèdent ? Tu peux apprendre cette poésie en plusieurs fois.

La grenouille

Une grenouille
Qui fait surface
Ça crie, ça grouille
et ça agace.
Ça se barbouille
Ça se prélasse
Ça tripatouille
Dans la mélasse,

Puis ça rêvasse
Et ça coasse
Comme une contrebasse
Qui a la corde lasse.
Mais pour un héron à échasses,
Une grenouille grêle ou grasse
Qui se brochette ou se picore,
Ce n'est qu'un sandwich à ressorts.

Extrait de *Jaffabules*, Pierre Coran, Livre de poche jeunesse, © Hachette jeunesse, 2003.

Découverte du monde

MÉTHODE
- Dis tous les jours de la semaine que tu connais. Observe la roue des jours de la semaine, tu vois qu'ils se suivent et recommencent toujours dans le même ordre.
- Lis-les plusieurs fois en suivant avec ton doigt, en commençant à chaque fois par un jour différent.

3 **Cherche le lundi dans la ronde des jours et colorie-le en bleu.**
Colorie en rouge le jour après lundi et en vert le jour avant lundi.
Colorie en orange le jour après mercredi.

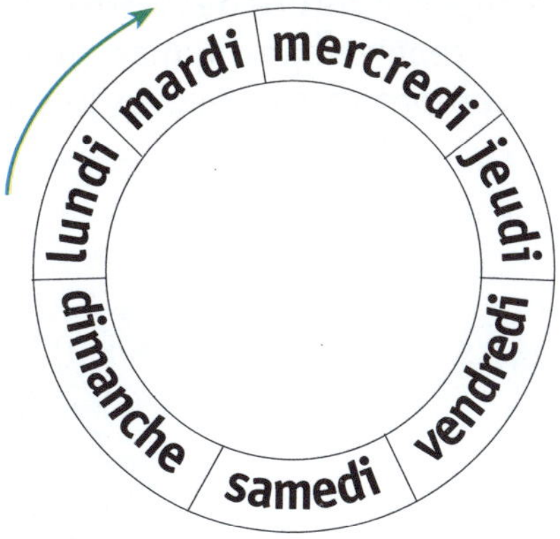

4 **Fais la même chose pour la bande des jours, en t'aidant de la ronde pour trouver le jour avant lundi.**

lundi	mardi	mercredi	jeudi	vendredi	samedi	dimanche

Maths

MÉTHODE
Lis plusieurs fois cette suite de nombres et apprends-la par cœur :
2 - 4 - 6 - 8 - 10 - 12 - 14 - 16 - 18 - 20... Ce sont des nombres pairs.
Pour continuer la liste, il faut compter de 2 en 2.

5 **Continue de numéroter les cases de 2 en 2 en t'aidant des flèches puis sans aide.**

	2		4																

6 **Fais de même en commençant par la case 1.**

1		3						9										19	

Corrigés p. 47

12 Voir et repérer

CE QUE TU SAIS DÉJÀ

- reconnaitre la forme des lettres ;
- localiser des lettres dans un mot ;
- reconnaitre des mots.

EN CP, TU DEVRAS

- repérer l'ordre des lettres dans un mot, la longueur des mots ;
- te repérer sur un quadrillage, localiser des formes ;
- comprendre et relever des indices sur une photographie.

CONSEILS PARENTS

Dans la rue, faites repérer à votre enfant des enseignes, des panneaux, des logos, des marques, des plaques de rues.

Maths

MÉTHODE

- Combien le quadrillage ci-dessous a-t-il de lignes ? de colonnes ? Repasse sur chacune d'elles avec ton doigt.
- Compte le nombre total de cases. Compte les cases pleines puis les cases vides.
- Dis le plus précisément possible où se trouve le poisson, puis où se trouve la lune.

1 **Dessine une étoile dans la case au-dessus de la lune.**
Fais une croix dans la case entre le poisson et la lune.
Colorie en vert le sapin qui se trouve dans la 2e case de la dernière ligne.

2 **Entoure les différences dans le second quadrillage.**

MÉTHODE

- Observe bien ces deux quadrillages, ils ont le même nombre de cases.
- Par ligne ou par colonne, observe et nomme les formes tracées dans chaque case.

●	✕	■
●	■	●
✕	✕	●

●	✕	■
■	●	●
●	✕	✕

Français

MÉTHODE
À partir d'indices (longueur du mot, nombre et place des lettres), tu dois trouver le bon mot. Tu peux mémoriser ou bien barrer au fur et à mesure les informations fausses.
Ex : si l'on te dit : « C'est un mot de 4 lettres », tu barres les mots de la ligne qui ont plus ou moins de 4 lettres.

3 **Je suis un mot de 4 lettres qui commence par la lettre l et se termine par la lettre e.**

bateau livre hérisson lama base lune biche

4 **Je commence et je finis par la même lettre.**

maman nounou matin nana napperon nous

5 **J'ai 4 u.**

moulu turlututu tourteau souriceau choucroute

Arts visuels

MÉTHODE
Voici une photographie de l'Opéra Garnier à Paris. Observe le lieu, les personnes, repère les détails puis réponds aux questions.

6

L'escalier de l'Opéra, Catherine Karasinski, 2008.

- Où est placé le photographe ?
- Quelle partie de l'Opéra est photographiée ?
- Peux-tu la décrire ?
- Comment cet escalier est-il éclairé ?
- Où les lumières sont-elles disposées ?
- Quelles sont les deux couleurs principales de la photo ?
- Qui sont et que font les personnages ?
- Cette photo donne une impression de mouvement. Lequel ?
- Quelle impression ressens-tu en regardant cette photo ?

Corrigés p. 47

13 Dire - Nommer - Décrire

CE QUE TU SAIS DÉJÀ

- identifier, nommer et décrire des images ;
- rapporter une information avec un vocabulaire adapté et des phrases bien construites.

EN CP, TU DEVRAS

- utiliser un vocabulaire de plus en plus précis et adapté, faire des phrases complexes ;
- connaitre des œuvres artistiques ;
- nommer des sons entendus dans des mots ;
- comprendre des informations données sous la forme d'un tableau.

CONSEILS PARENTS

Dans la vie courante, efforcez-vous d'employer des mots précis que vous pourrez aussi intégrer dans une classe, généraliser. Exemple : « Ces roses et ces renoncules sont des fleurs superbes. »

Arts visuels

MÉTHODE
Ce tableau peint par Van Gogh s'appelle *La chambre*. C'était la sienne. Observe-le bien avant de répondre aux questions.

1 Nomme et décris les différents meubles.
Décris ce que tu vois sur les murs.
Est-ce une chambre propre et bien rangée ? Est-elle claire, lumineuse ?
À quoi le vois-tu ?
Quelles sont les couleurs principales ?

Vincent Van Gogh, *La chambre*, 1888, huile sur toile, Amsterdam, musée Van Gogh.

Français

MÉTHODE
Beaucoup de mots peuvent être désignés par un mot plus général.
Ex : **bleu, jaune, rouge, vert, noir** désignent **des couleurs**.

2 **Donne le mot général qui désigne cet ensemble.**

3 Trouve le son que tu entends dans tous les dessins de la ligne. Si tu le sais, dis avec quelle(s) lettre(s) il s'écrit.

MÉTHODE
Observe attentivement les dessins de chaque ligne et nomme-les à voix haute.

son ..i...

son ..ou..

Découverte du monde

MÉTHODE
Nomme chaque animal et observe-le. Pour chacun, mets une croix dans la case quand tu penses que l'information est vraie (tel animal a des poils, il marche à 4 pattes, il a des nageoires...).

4

poils	X				
plumes			X		
écailles		X		X	X
4 pattes	X			X	
2 pattes			X		
pas de pattes		X			X
nageoires					X
ailes			X		

Corrigés p. 47

14 Identifier - Reconnaitre

CE QUE TU SAIS DÉJÀ

- dire la date et l'écrire avec des étiquettes ;
- prononcer les syllabes d'un mot, les enlever, les déplacer.

EN CP, TU DEVRAS

- entendre les sons dans les mots et les écrire ;
- apprendre à lire un tableau à double entrée ;
- comprendre de la poésie, analyser des images et y associer des mots.

CONSEILS PARENTS

Aidez votre enfant à compter le nombre de syllabes dans un mot et à repérer leur place en tapant dans les mains.

Arts visuels

MÉTHODE

Voici une reproduction d'un tableau de Magritte, *La clef des songes*. Dans chaque case, tu vois un dessin et un mot écrit en-dessous. Lis ce qui est écrit, seul ou avec un adulte. Réponds aux questions pour mieux comprendre le tableau puis, à ton tour, réalise « une œuvre » dessinée et écrite dans les cases à côté.

René Magritte, *La clef des songes*, 1930, huile sur toile, Collection privée.

1 **Réponds aux questions.**

- Combien vois-tu de petits tableaux dans le grand ?

1 2 3 4 5 6 7 8

- À quoi ressemble le grand tableau ? Nomme les objets dessinés.
- Les mots écrits sous les dessins désignent-ils les objets dessinés ? oui non
- À ton avis, pourquoi ? Cela a-t-il de l'importance ? Pourquoi ?
- Pourrais-tu changer ces mots ?

Lecture

MÉTHODE
Une syllabe est une partie de mot. Dans le mot « papa », il y a 2 syllabes parce qu'on ouvre 2 fois la bouche pour le prononcer.

2 **Nomme les dessins, compte les syllabes et relie au nombre qui convient.**

1 2 3 4 5

3 **Mets une croix dans la case correspondant à la syllabe ta.**

MÉTHODE
- Demande à quelqu'un de te lire les mots suivants. On entend et on y voit la syllabe **ta**.
- Colorie la syllabe **ta** dans les mots.
- Sous chaque mot, des cases représentent les syllabes du mot. Indique où se trouve la syllabe **ta** en mettant une croix dans la bonne case. Attention ! elle peut y être plusieurs fois.

Exemple : **ta**bouret

×		

tapis taratata rutabaga ratatouille desiderata

4 **Mets une croix dans la case correspondant à la syllabe mi.**

salami mimosa ami Raminagrobis Mimi

Corrigés p. 47

15 Reproduire - Copier

CE QUE TU SAIS DÉJÀ

- copier des mots avec un modèle, copier des motifs décoratifs ;
- te repérer sur un quadrillage.

EN CP, TU DEVRAS

- copier des phrases, avec ou sans modèle ;
- copier une figure à l'identique ;
- respecter un code.

CONSEILS PARENTS

Veillez à l'écriture correcte des mots : point de départ, sens des lettres, proportions.

Arts visuels

MÉTHODE

Auguste Herbin est un peintre abstrait contemporain. Il a inventé « l'Alphabet Plastique » : à chaque lettre correspond une couleur et une forme géométrique. À partir d'un mot, il associait chaque lettre à son code. Ce tableau est intitulé « Matin II ».

1

Auguste Herbin, *Matin II*, 1952, huile sur toile. Musée départemental Matisse, Le Cateau-Cambrésis.

Pour reproduire ce tableau, prépare des crayons de la même couleur et colorie chaque forme comme le modèle. Soigne ton travail, ne déborde pas.
Voici le code inventé par le peintre :

M jaune
A rose
T **bleu** ou **violet**
I orange
N blanc

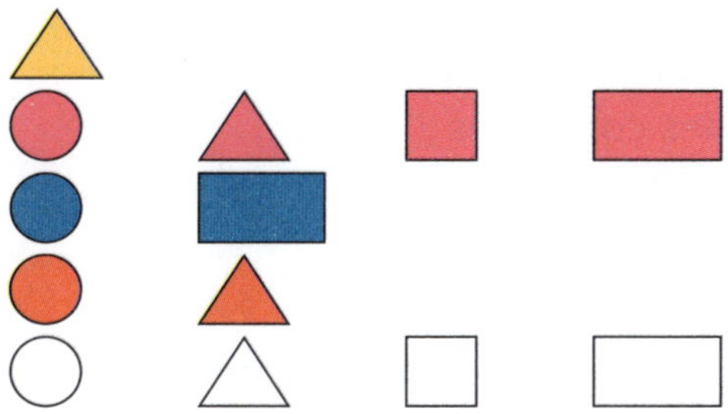

Puis vérifie le code d'Auguste Herbin.

- Quelle est la couleur des triangles ?

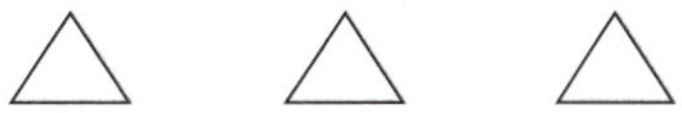

- Quelles sont les formes qui sont en rose ?

Français

MÉTHODE
Un calligramme représente à la fois le dessin d'un objet et des mots écrits à propos de cet objet. Quel est l'animal représenté ici ? Repère quelques mots écrits et nomme-les. Demande à un adulte de te lire la phrase.

2 **Copie la phrase écrite sur le calligramme.**

Le poisson-lune pique et fait des bulles.

L

Corrigés p. 47

16 Comprendre

CE QUE TU SAIS DÉJÀ

- communiquer avec les autres ;
- comprendre des consignes ;
- comprendre une histoire racontée ou lue ;
- dire la suite des nombres.

EN CP, TU DEVRAS

- comprendre des histoires plus difficiles qu'on te lira, les reformuler et répondre aux questions ;
- lire seul des consignes ou des textes ;
- connaitre les nombres et leurs propriétés ;
- comprendre un algorithme.

CONSEILS PARENTS

Pour l'exercice 1, après lecture du texte, vérifiez que votre enfant l'a bien compris en lui posant oralement quelques questions.

Lecture

MÉTHODE
Écoute bien cette histoire. Observe l'illustration puis raconte l'histoire avec tes propres mots.

1 **Écoute l'histoire puis réponds aux questions en cochant la bonne réponse.**

La statue d'argile

Depuis des jours et des jours, dans son atelier, le sculpteur creusait le bloc de terre, le modelait et lui donnait la forme d'une femme. Tous les soirs, il la recouvrait d'un linge humide pour que la terre reste souple et facile à travailler. Demain, la statue serait terminée. Le sculpteur la regarda une dernière fois avec regret, lui caressa le visage, lissa un bras. Enfin, comme d'habitude,il la recouvrit d'un linge humide et la laissa dans le noir.
Restée seule, la statue, qui avait froid sous le linge, commença à frissonner puis à grelotter. Elle bougea un bras puis l'autre, une jambe puis l'autre pour se réchauffer et secoua la tête. Un craquement se fit entendre. Le linge humide glissa au sol et la statue se réchauffa peu à peu.
Le lendemain matin, en arrivant à l'atelier, le sculpteur trouva la statue cassée en plusieurs morceaux. Elle était sèche.

- **Quel est l'ouvrage fabriqué par le sculpteur de l'histoire ?**

Un monument. ❑ Une statue de femme. ❑ Une tête de roi. ❑

- **Pourquoi le sculpteur recouvre-t-il la statue avec un linge humide ?**

Pour qu'elle ait froid. ❑
Pour retrouver son linge. ❑
Pour que la terre reste humide. ❑

- **Pourquoi la statue a-t-elle bougé ?**

Parce qu'elle a froid. ❑
Pour ennuyer le sculpteur. ❑
Pour vérifier sa solidité. ❑

- **Pourquoi la statue se casse-t-elle ?**

Parce qu'elle est mal faite. ❑
Parce qu'elle veut que le sculpteur recommence. ❑
Parce qu'elle a séché trop vite. ❑

- **Est-ce une histoire possible ? Comment l'expliques-tu ?**

Maths

MÉTHODE
Tu sais sûrement jouer au *Qui est-ce ?*. Lis attentivement les nombres de chaque liste. Demande à un adulte de te lire la « devinette ». Redis avec tes propres mots le nombre qu'il faut trouver.

2 Trouve le nombre et recopie-le.

- Je suis le plus grand nombre de cette liste.

2 10 6 9 ......

- Je suis écrit avec les deux mêmes chiffres.

17 4 22 23 ......

- Je suis le nombre qui vient juste après 10.

8 11 20 10 ......

- Je suis le nombre de doigts d'une main.

5 6 10 4 ......

- Je suis le nombre de jours de la semaine.

30 10 12 7 ......

3 Comprends la règle et continue à colorier les cases.

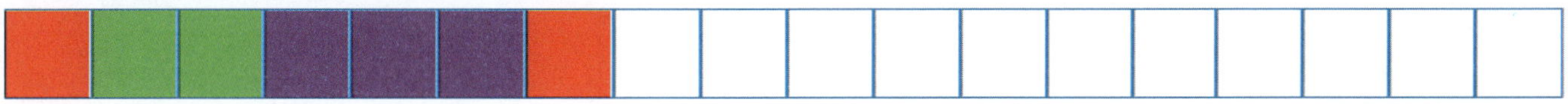

17 Classer - Ranger

CE QUE TU SAIS DÉJÀ

- reconnaitre des formes et les classer ;
- reconnaitre des objets en fonction de leur position ;
- reconnaitre des mots dans une phrase ;
- ranger des nombres de 1 à 10.

EN CP, TU DEVRAS

- ranger des nombres plus grands ;
- classer des mots selon différents critères ;
- classer des figures géométriques ;
- ranger ton matériel et ton cartable.

CONSEILS PARENTS

Employez les termes « premier, deuxième, second, dernier » pour évoquer la place des enfants dans une fratrie, cherchez des jours sur le calendrier (le deuxième mercredi du mois), le dernier mot d'une phrase, la première ligne d'un mot croisé...

Maths

MÉTHODE

Tu dois faire cet exercice en trois étapes et en respectant bien les consignes : d'abord colorier, puis entourer, et enfin numéroter.

1 Voici 3 lignes de canards. Écoute et exécute les consignes.

Colorie :

- en **orange** tous les canards de la 1re ligne.
- en **bleu** tous les canards de la 2e ligne.
- en **rose** tous les canards de la 3e ligne.

Entoure :

- le 1er canard de la 1re ligne.
- le 3e canard de la 2e ligne.
- le dernier canard de la 3e ligne.

Continue à numéroter les canards de la 3e ligne.

Lecture

MÉTHODE
Même si tu ne sais pas les lire, tu vois que ces prénoms sont de longueur différente parce qu'ils ne contiennent pas le même nombre de lettres. Tu dois donc compter leurs lettres pour ensuite ranger les prénoms du plus long au plus court.

2 En les numérotant de 1 à 5, classe ces prénoms du plus long au plus court.

La case où tu mettras le chiffre 1 sera celle qui correspond au mot qui contient le plus de lettres. La case 5 celle qui correspond au mot qui contient le moins de lettres.

1 - 2 - 3 - 4 - 5

Léo	Alexandrine	Pierre	Sarah	Augustine
☐	☐	☐	☐	☐

3 Relie ces images à l'étiquette qui convient.

MÉTHODE
- Lis la syllabe écrite sur l'étiquette (ou demande à un adulte de te la lire).
- Dis les noms des objets dessinés, répète-les en détachant bien les syllabes.

 la

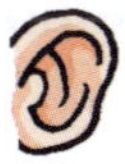 lo

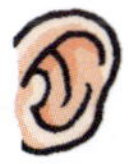 li

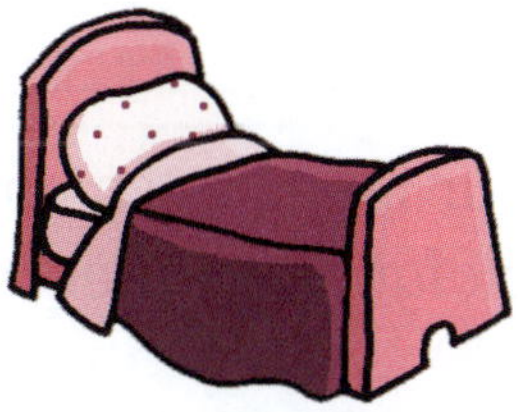

18 Compléter

CE QUE TU SAIS DÉJÀ
- dire la suite des nombres ;
- dénombrer ;
- te déplacer dans un quadrillage.

EN CP, TU DEVRAS
- compléter des collections ;
- utiliser et compléter un quadrillage.

CONSEILS PARENTS

*Aidez votre enfant à chercher des mots dans un dictionnaire adapté à son âge, après avoir cherché ensemble la 1re lettre. Exemple : « canard » commence par un « **c** » ? « **k** » ? « **qu** » ?*

Maths

MÉTHODE
- Combien de doigts as-tu dans chaque main ? Si tu ne le sais pas par cœur, compte-les. Combien en as-tu avec les deux mains ?
- Observe bien les mains dessinées dans les tableaux.
  Compte le nombre de doigts levés sur la première main et inscris-le dans la 1re case du tableau.
- Trouve ensuite combien de doigts il manque pour faire 5, cela revient à compter le nombre de doigts pliés.

1 **Compte le nombre de doigts levés sur chaque main.**
Écris ce nombre dans la 1re colonne du tableau puis complète la 2e colonne.

	Nombre de doigts levés	Pour faire 5, combien de doigts faut-il encore ?

	Nombre de doigts levés	Pour faire 8, combien de doigts faut-il encore ?
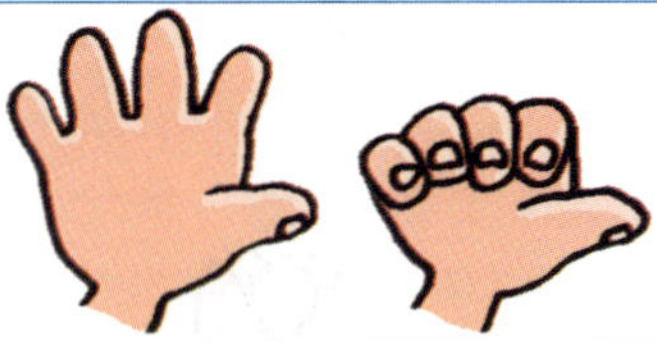		

	Nombre de doigts levés	Pour faire 10, combien de doigts faut-il encore ?
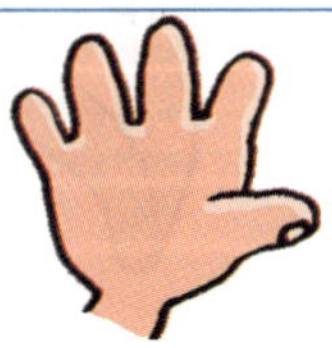		

Français

MÉTHODE
Dans une grille de mots croisés, les mots sont écrits horizontalement (—) ou verticalement (|). On écrit une lettre par case sauf sur les cases coloriées. Quand deux mots se croisent, une même lettre sert aux deux mots.

- Pour t'entrainer, complète d'abord la grille horizontale avec les mots qui correspondent aux dessins. Souviens-toi, une seule lettre par case.
- Ensuite, complète la grille verticale de la même façon.
- Enfin, complète la grille de mots croisés. Un adulte peut te lire les définitions et t'aider à écrire les mots que tu trouveras.

2 Complète les trois grilles de mots croisés.

Animal de course ↓ Animal têtu ↓ Jeu ↓

Mari de la cane →

Vit dans la terre →

Le contraire de OUI. ←

Brille la nuit →

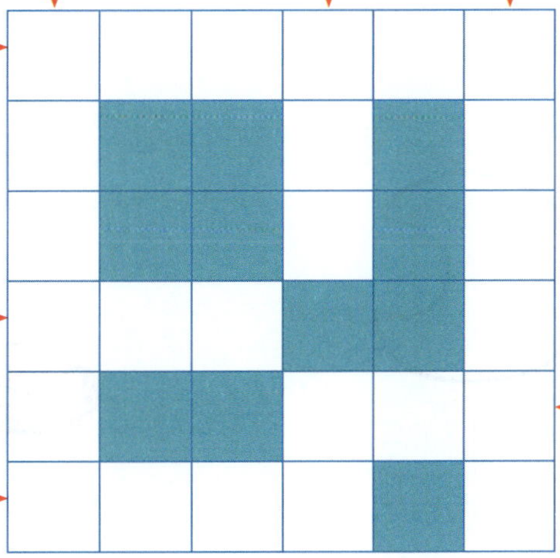

Corrigés p. 48

19 Reconstituer

CE QUE TU SAIS DÉJÀ

- ordonner des mots dans une phrase ;
- compter le nombre de syllabes qui composent un mot, repérer leur place dans le mot.

EN CP, TU DEVRAS

- repérer la place et le nombre de syllabes dans un mot ;
- écrire des syllabes simples, les isoler et les assembler pour fabriquer un nouveau mot ;
- reconstituer une suite de nombres.

CONSEILS PARENTS

Jouez avec votre enfant à chercher des mots qui ont une syllabe commune. Proposez-lui un défi : « Celui qui en trouvera le plus ».

Français

MÉTHODE

- Commence par nommer le 1er dessin sans nom en détachant bien les syllabes. Ex : **sa pin.**
- Nomme aussi les deux dessins qui sont reliés à lui par des flèches. Ex : **la pin** et **sa von.**
- Choisis la syllabe qui convient dans ces deux mots. Ex : tu prends le **sa** de **sa**von et le **pin** de la**pin** pour écrire **sapin.**

1 **Complète le nom du dessin en t'aidant des syllabes des deux autres mots.**

| la | pin |

| sa | von |

| sa | pin |

| va | se |

| che | val |

| ...... | ...... |

| lu | tin |

| â | ne |

| ...... | ...... |

| nu | mé | ro |

| tar | ti | ne |

| ...... | ...... |

Maths

MÉTHODE
- Compte de 1 à 10 lentement, au moins deux fois en pensant bien à ce que tu dis. Observe les étiquettes ci-dessous et lis au moins deux fois les nombres.
- Pour retrouver la suite des nombres de 1 à 10, cherche d'abord l'étiquette qui commence par 1 puis continue dans l'ordre jusqu'à trouver l'étiquette qui se termine par 10.

2 **Colorie d'une même couleur les 4 cadres qui permettent de reconstituer la suite des nombres de 1 à 10 puis recopie ces nombres dans l'ordre.**

2 - 3 | 1 - 2 | 7 - 8 - 9 | 5 - 6 - 7 | 2 - 3 - 4 | 3 - 4 - 5

8 - 9 - 10 | 9 - 10 | 6 - 7

....

3 **Trouve et trace le chemin des nombres de 1 à 15 en te déplaçant verticalement ou horizontalement.**

1	2	6	8	9	12	10	12
2	3	4	7	10	11	12	13
3	7	5	6	7	8	10	14
6	4	6	7	6	9	11	15

Découverte du monde

MÉTHODE
- Observe attentivement tous ces dessins de papillons.
- Associe d'abord tous ceux que tu reconnais facilement parce qu'ils sont très colorés, très décorés.

4 **Entoure d'une même couleur les paires de papillons identiques.**

Corrigés p. 48

20 Raisonner

CE QUE TU SAIS DÉJÀ
- lire un tableau à double entrée ;
- raisonner et procéder par des essais.

EN CP, TU DEVRAS
- raisonner, déduire une règle simple et la réinvestir ;
- faire des hypothèses, tirer des conclusions.

CONSEILS PARENTS
Amusez-vous ensemble au jeu du « Qui est-ce ? » : chacun doit découvrir à qui pense l'autre (personnages, animaux...) en posant des questions logiques et pertinentes.

Maths

MÉTHODE
- Prépare tes 4 crayons de couleur et 1 crayon noir bien taillés.
- Commence par dessiner les formes qui manquent en te souvenant de la règle : une seule forme semblable par ligne et par colonne.
- Ensuite, colorie les formes en te souvenant qu'elles doivent être d'une couleur différente par ligne et par colonne.

Ex : à la 2e ligne, il manque un carré qui ne sera ni **rouge**, ni **bleu**, ni **vert** donc **orange**. Continue de réfléchir par déduction.

1 Ce tableau est composé de 4 lignes et 4 colonnes qui se croisent.
Tu as **4 formes différentes :** un rond, un carré, un rectangle, un triangle.
Ces formes sont de **4 couleurs différentes : orange, vert, rouge, bleu.**
Tu dois placer chaque forme d'une couleur, jamais la même, sur les lignes et sur les colonnes. La première ligne t'est donnée.

Découverte du monde

MÉTHODE
Sur cette frise, chaque case correspond à un moment de ton parcours d'écolier.
Sont déjà indiquées les cases de tes années de Petite Section et de Moyenne Section ainsi que le CE1 et le CM2, qui est la dernière classe de l'école élémentaire.

2 Complète cette frise en respectant les indications suivantes :

- colorie en **rose** la case qui indique quand tu étais bébé, à la maison, à la crèche ou chez une nourrice ;
- écris GS pour Grande Section, CP pour Cours Préparatoire, CE2 pour Cours Élémentaire 2e année et CM1 pour Cours Moyen 1re année dans les bonnes cases ;
- colorie en **bleu** toutes les cases de l'école maternelle ;
- colorie en **orange** toutes les cases de l'école élémentaire ;
- combien d'années reste-t-on à l'école maternelle ?................................
- combien d'années reste-t-on à l'école élémentaire ?..............................

	PS	**MS**			**CE1**			**CM2**

Lecture et Écriture

3 Pour comprendre le message, tu dois remplacer chaque signe par une lettre comme indiqué ci-dessous. Tu pourras alors lire une phrase que tu connais bien.

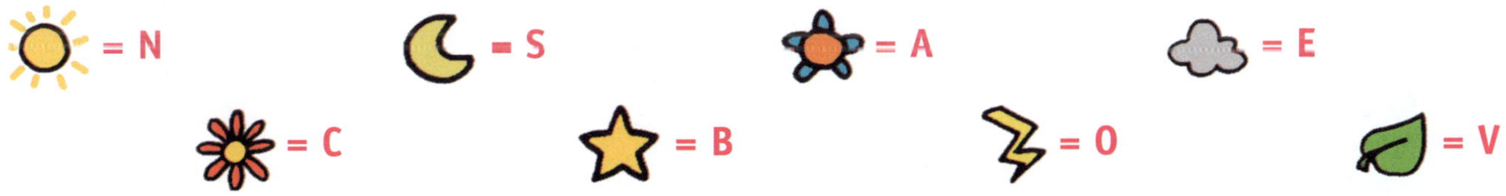

Recopie le message en écriture cursive.

Corrigés p. 48

Mémo Chouette

a b c d e f g h i j k l m n o p q r s t u v w x y z

A a a

B b b

C c c

D d d

E e e

F f f

G g g

H h h

I i i

J j j

K k k

L l l

M m m

N n n

O o o

P p p

Q q q

R r r

S s s

T t t

U u u

V v v

W w w

X x x

Y y y

Z z z

CORRIGÉS

Unité 1

Mémoriser .... p. 4

LECTURE

1 A (B) C D (E) (F) G H (I) J K (L) (M)
N (O) (P) Q R S T U V W X Y Z

a z (e) r t y u (i) (o) (p) q s d (f)
g h j k (l) (m) w x c v (b) n

v (b) (e) h c a (f) (i) d (l) k
(m) u (o) q g z r (p) x s t j w y n

2

A	B	C	D	E	F	G	H	I	J	K	L	M

N	O	P	Q	R	S	T	U	V	W	X	Y	Z

B	C	D

S	T	U

Q	R	S

I	J	K

MATHS

3 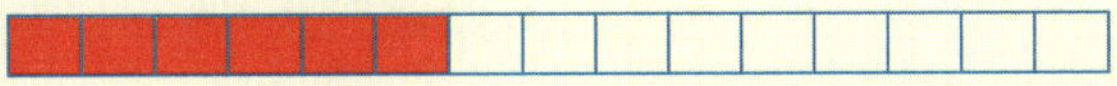

1	2	3	4	5	(6)	7	8	9	10	11	12	13	14	15

1	2	3	4	5	6	7	(8)	9	10	11	12	13	14	15

GÉOMÉTRIE

4 À vérifier avec un adulte.

Unité 2

Voir et repérer .... p. 6

MATHS

1

2

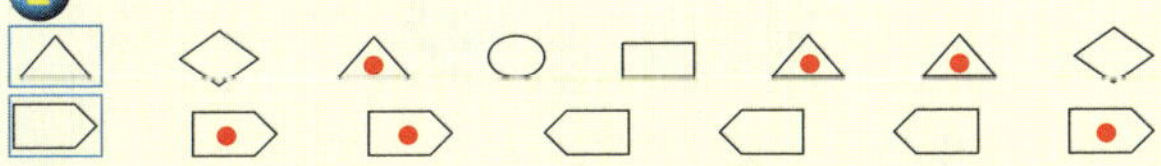

3

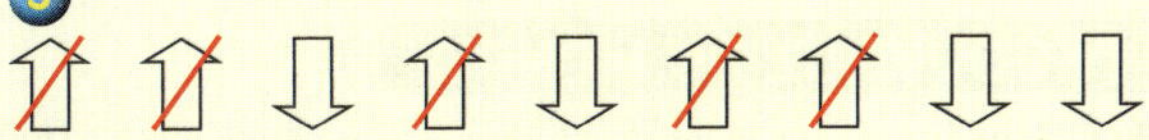

4

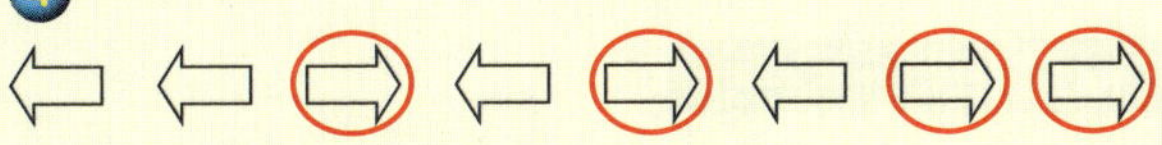

FRANÇAIS

5

Jules	Mélanie	Simon	AMÉLIE	SIMON

Simon	Jules	Simon	Amélie

6 Dans le prénom Simon, il y a : | 4 lettres | **5 lettres** | 6 lettres |

Dans le prénom Mélanie, il y a : | **7 lettres** | 6 lettres | 3 lettres |

Dans le prénom Jules, il y a : | 4 lettres | 2 lettres | **5 lettres** |

Dans le prénom Amélie, il y a : | 7 lettres | **6 lettres** | 5 lettres |

7 A B C D E F G H (I) J K L (M)
(N) (O) P Q R (S) T U V W X Y Z

Unité 3

Dire - Nommer - Décrire .... p. 8

FRANÇAIS

1 À vérifier avec un adulte.

2 Entourer le poisson. Entourer la fourchette.

ARTS VISUELS

3 À vérifier avec un adulte.

Unité 4

Identifier - Reconnaître .... p. 10

FRANÇAIS

1 § (s) (P) € (E) & (o) ? (a) (j)
(d) (q) (m) (b) (A) (e) $ (c) (g) £ #

2 LE PETIT POULPE [LA] [POULE]
FROUSSE [PETITE] [ROUSSE] ROULE

FRANÇAIS

3

Il	était	une	fois	une	jolie	princesse	appelée	Coquelicot.
1	2	3	4	5	6	7	8	9

Il	y	a	un	monstre	sous	mon	lit.
1	2	3	4	5	6	7	8

Madame	Gribouille	aime	les	andouilles.
1	2	3	4	5

Le 6e mot de la 1re phrase : jolie.
Le 3e mot de la 2e phrase : a.
Le dernier mot de la 2e phrase : lit.
Le 1er mot de la 3e phrase : Madame.

DÉCOUVERTE DU MONDE

4 À vérifier avec un adulte.

Unité 5

Reproduire - Copier . . . . p. 12

ÉCRITURE

1 2 3 et 4 À vérifier avec un adulte.

Unité 6

Comprendre . . . . p. 14

LECTURE

1 Un dragon de feu. / Cracher du feu et Piquer avec le dard de sa queue. / Il n'arrive pas à apprendre et Papa ronchonne. / Lui faire écouter de la musique.

MATHS

2 Le chat appartient à Lola, le chien à Ali, l'oiseau à Zoé et le poisson à Paul.

Unité 7

Classer - Ranger . . . . p. 16

FRANÇAIS

1

GÉOMÉTRIE

2

3

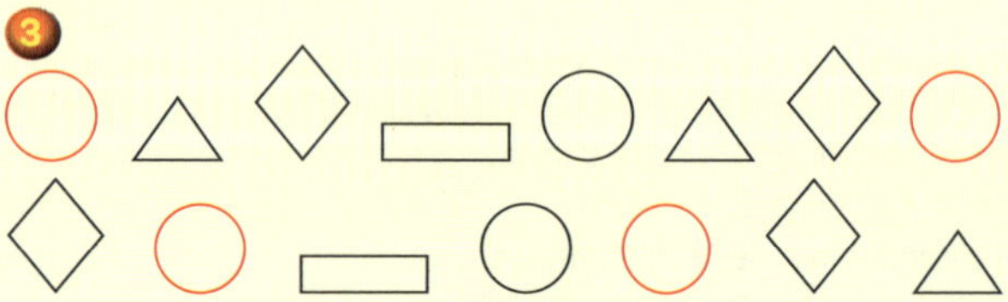

DÉCOUVERTE DU MONDE

4 **Dans le panier à légumes** : la carotte, le radis, le brocoli, la courgette, le chou-fleur.
Dans le panier à fruits : la banane, la pomme, le raisin, la cerise.

Unité 8

Compléter . . . . p. 18

LECTURE

1 chemise – pantalon – radis – salade – cerise – lapin.

MATHS

2

2	3	4

8	9	10

4	5	6

7	8	9

1	2	3	4	5	6	7	8	9	10

3

4

5 À vérifier avec un adulte.

Unité 9

Reconstituer . . . . p. 20

GÉOMÉTRIE

1 À vérifier avec un adulte.

FRANÇAIS

2 À vérifier avec un adulte.

ARTS VISUELS

3 À vérifier avec un adulte.

Unité 10

Raisonner - Chercher . . . . p. 22

DÉCOUVERTE DU MONDE

1 À vérifier avec un adulte.

MATHS

2 Piste de Julie

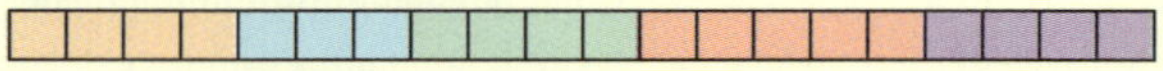

Piste de Louis

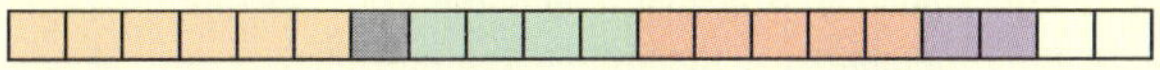

C'est donc Julie qui a gagné.

LECTURE

3 coccinelle – parapluie.

Unité 11

Mémoriser .... p. 24

POÉSIE

1 et 2 À vérifier avec un adulte.

DÉCOUVERTE DU MONDE

3

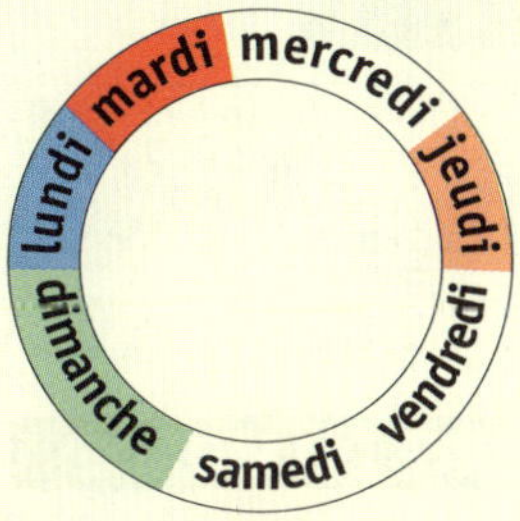

4

lundi	mardi	mercredi	jeudi	vendredi	samedi	dimanche

MATHS

5

	2	4	6	8	10	12	14	16	18	20

6

1	3	5	7	9	11	13	15	17	19

Unité 12

Voir et repérer .... p. 26

MATHS

1

2

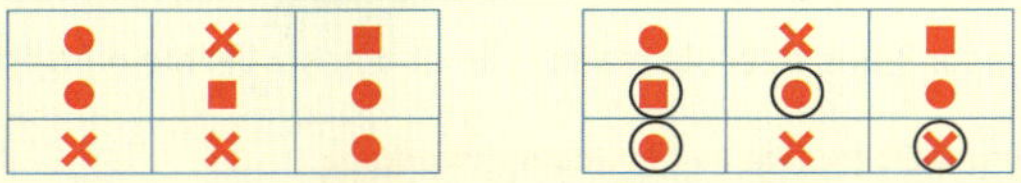

FRANÇAIS

3 lune. 4 napperon. 5 turlututu.

ARTS VISUELS

6 À vérifier avec un adulte.

Unité 13

Dire - Nommer - Décrire ...... p. 28

ARTS VISUELS

1 À vérifier avec un adulte.

FRANÇAIS

2 Ce sont des vêtements.

3 Le son « i ». Le son « ou ».

DÉCOUVERTE DU MONDE

4

	chien	serpent	oiseau	crocodile	poisson
poils	x				
plumes			x		
écailles		x		x	x
4 pattes	x			x	
2 pattes			x		
pas de pattes		x			x
nageoires					x
ailes			x		

Unité 14

Identifier - Reconnaître ...... p. 30

ARTS VISUELS

1 À vérifier avec un adulte.

LECTURE

2 1 syllabe : pont, chat.
2 syllabes : panda.
3 syllabes : parapluie.
4 syllabes : ordinateur.
5 syllabes : hippopotame.

3

tapis

x	

taratata

x		x	x

rutabaga

	x		

ratatouille

	x	

desiderata

				x

4

salami

		x

mimosa

x		

ami

	x

Raminagrobis

	x			

Mimi

x	x

Unité 15

Reproduire - Copier .... p. 32

ARTS VISUELS

1 À vérifier avec un adulte.

FRANÇAIS

2 À vérifier avec un adulte.

Unité 16

Comprendre .... p. 34

LECTURE

1 Une statue de femme. / Pour que la terre reste humide. / Parce qu'elle a froid. / Parce qu'elle a séché trop vite.

MATHS

2 10 / 22 / 11 / 5 / 7.

3 

Unité 17

Classer - Ranger .... p. 36

MATHS

1

1 2 3 4 5 6

LECTURE

2 Léo 5 — Alexandrine 1 — Pierre 3 — Sarah 4 — Augustine 2

Léo	Alexandrine	Pierre	Sarah	Augustine
5	1	3	4	2

3 Relier à la syllabe **la** : **la**vabo, **la**pin, choco**la**t.
Relier à la syllabe **lo** : vé**lo**, sty**lo**.
Relier à la syllabe **li** : **li**vre, **li**t, tu**li**pe.

Unité 18

Compléter .... p. 38

MATHS

1 3 doigts levés. Il faut encore 2 doigts pour faire 5.
6 doigts levés. Il faut encore 2 doigts pour faire 8.
5 doigts levés. Il faut encore 5 doigts pour faire 10.

FRANÇAIS

2 BOL – BANC – BALAI – BANANE.
CLÉ – CAGE – CARTE – CACTUS.

C	A	N	A	R	D
H			N		O
E			E		M
V	E	R			I
A			N	O	N
L	U	N	E		O

Unité 19

Reconstituer .... p. 40

FRANÇAIS

1 vache – lune – rôti.

MATHS

2 Colorier 1 – 2 | 3 – 4 – 5 | 6 – 7 | 8 – 9 – 10

3

1	2	6	8	9	12	10	12
2	3	4	7	10	11	12	13
3	7	5	6	7	8	10	14
6	4	6	7	6	9	11	15

DÉCOUVERTE DU MONDE

4 À vérifier avec un adulte.

Unité 20

Raisonner .... p. 42

MATHS

1

DÉCOUVERTE DU MONDE

2

	PS	MS	GS	CP	CE1	CE2	CM1	CM2

On reste 3 ans à l'école maternelle et 5 ans à l'école élémentaire.

LECTURE ET ÉCRITURE

3 Le message est : BONNES VACANCES.

Crédits photos : p. 11 Appareils photos : Collection Sylvain Halgand – p. 11 Téléphones : Collection L2L1 Téléphones – p. 27 ph. © Catherine Karasinski – p. 28 ph. © Bridgeman Art Library – p. 30 ph. © Photothèque R. Magritte - ADAGP, Paris 2010 – p. 32 ph. © Claude Gaspari © ADAGP, Paris, 2010.

Achevé d'imprimer par l'Imprimerie de Champagne à Langres — France
Dépôt légal : 06166-8/06 — Mai 2022

PAPIER À BASE DE FIBRES CERTIFIÉES

s'engage pour l'environnement en réduisant l'empreinte carbone de ses livres. Celle de cet exemplaire est de : 250 g éq. CO_2 Rendez-vous sur www.hatier-durable.fr